W0254236

2015

GRATITUDE JOURNAL

This journal belongs to:

____

GRATITUDE JOURNAL:
magical moments should be remembered forever

BY VIVIAN TENORIO

JAV PUBLISHING

www.viviantenorio.com

Printed in the United Stated of America

ISBN-10: 0615552048
ISBN-13: 978-0615552040

"Go confidently in the direction of your dreams. Live the life you have imagined." -Henry David Thoreau

DEDICATION

To my goddaughters and godsons

January 1, 2015

I am grateful for

I am grateful for

I am grateful for

I am grateful for

"I have spread my dreams beneath your feet. Tread softly because you tread on my dreams." -W.B. Yeats

January 2, 2015

I am grateful for

I am grateful for

I am grateful for

I am grateful for

January 3, 2015

"Reach high, for stars lie hidden in your soul. Dream deep, for every dream precedes the goal." -Pamela Vaull Starr

I am grateful for

I am grateful for

I am grateful for

I am grateful for

January 4, 2015

I am grateful for

I am grateful for

I am grateful for

I am grateful for

January 5, 2015

I am grateful for

I am grateful for

I am grateful for

I am grateful for

"Our truest life is when we are in dreams awake."
-Henry David Thoreau

January 6, 2015

I am grateful for

I am grateful for

I am grateful for

I am grateful for

January 7, 2015

I am grateful for

I am grateful for

I am grateful for

I am grateful for

January 8, 2015

"Do not follow where the path may lead.
Go instead where there is no path and leave a trail." -Harold R. McAlindon

I am grateful for

I am grateful for

I am grateful for

I am grateful for

January 9, 2015

I am grateful for

I am grateful for

I am grateful for

I am grateful for

January 10, 2015

I am grateful for

I am grateful for

I am grateful for

I am grateful for

January 11, 2015

I am grateful for

I am grateful for

I am grateful for

I am grateful for

January 12, 2015

I am grateful for

I am grateful for

I am grateful for

I am grateful for

January 13, 2015

I am grateful for

I am grateful for

I am grateful for

I am grateful for

January 14, 2015

I am grateful for

I am grateful for

I am grateful for

I am grateful for

"Find the good and praise it." -Alex Haley

January 15, 2015

I am grateful for

I am grateful for

I am grateful for

I am grateful for

January 16, 2015

I am grateful for

I am grateful for

I am grateful for

I am grateful for

January 17, 2015

I am grateful for

I am grateful for

I am grateful for

I am grateful for

January 18, 2015

I am grateful for

I am grateful for

I am grateful for

I am grateful for

January 19, 2015

"Leadership: The art of getting someone else to do something you want done because he wants to do it." -Dwight D. Eisenhower

I am grateful for

I am grateful for

I am grateful for

I am grateful for

January 20, 2015

I am grateful for

I am grateful for

I am grateful for

I am grateful for

January 21, 2015

I am grateful for

I am grateful for

I am grateful for

I am grateful for

January 22, 2015

I am grateful for

I am grateful for

I am grateful for

I am grateful for

January 23, 2015

I am grateful for

I am grateful for

I am grateful for

I am grateful for

January 24, 2015

I am grateful for

I am grateful for

I am grateful for

I am grateful for

January 25, 2015

I am grateful for

I am grateful for

I am grateful for

I am grateful for

January 26, 2015

I am grateful for

I am grateful for

I am grateful for

I am grateful for

"Happiness is itself a kind of gratitude." -Joseph Wood Krutch

January 27, 2015

I am grateful for

I am grateful for

I am grateful for

I am grateful for

January 28, 2015

I am grateful for

I am grateful for

I am grateful for

I am grateful for

January 29, 2015

I am grateful for

I am grateful for

I am grateful for

I am grateful for

January 30, 2015

I am grateful for

I am grateful for

I am grateful for

I am grateful for

January 31, 2015

I am grateful for

I am grateful for

I am grateful for

I am grateful for

February 1, 2015

I am grateful for

I am grateful for

I am grateful for

I am grateful for

February 2, 2015

I am grateful for

I am grateful for

I am grateful for

I am grateful for

February 3, 2015

"There go the people. I must follow them for I am their leader."
-Alexandre Ledru-Rollin

I am grateful for

I am grateful for

I am grateful for

I am grateful for

February 4, 2015

I am grateful for

I am grateful for

I am grateful for

I am grateful for

February 5, 2015

I am grateful for

I am grateful for

I am grateful for

I am grateful for

February 6, 2015

I am grateful for

I am grateful for

I am grateful for

I am grateful for

February 7, 2015

I am grateful for

I am grateful for

I am grateful for

I am grateful for

February 8, 2015

I am grateful for

I am grateful for

I am grateful for

I am grateful for

February 9, 2015

I am grateful for

I am grateful for

I am grateful for

I am grateful for

February 10, 2015

I am grateful for

I am grateful for

I am grateful for

I am grateful for

February 11, 2015

I am grateful for

I am grateful for

I am grateful for

I am grateful for

"It was a high counsel that I once heard given to a young person, "Always do what you are afraid to do." -Ralph Waldo Emerson

February 12, 2015

I am grateful for

I am grateful for

I am grateful for

I am grateful for

February 13, 2015

I am grateful for

I am grateful for

I am grateful for

I am grateful for

February 14, 2015

I am grateful for

I am grateful for

I am grateful for

I am grateful for

February 15, 2015

I am grateful for

I am grateful for

I am grateful for

I am grateful for

February 16, 2015

I am grateful for

I am grateful for

I am grateful for

I am grateful for

February 17, 2015

I am grateful for

I am grateful for

I am grateful for

I am grateful for

February 18, 2015

I am grateful for

I am grateful for

I am grateful for

I am grateful for

February 19, 2015

I am grateful for

I am grateful for

I am grateful for

I am grateful for

February 20, 2015

I am grateful for

I am grateful for

I am grateful for

I am grateful for

February 21, 2015

I am grateful for

I am grateful for

I am grateful for

I am grateful for

February 22, 2015

I am grateful for

I am grateful for

I am grateful for

I am grateful for

February 23, 2015

I am grateful for

I am grateful for

I am grateful for

I am grateful for

February 24, 2015

"Seek the lofty by reading, hearing and seeing great work at some moment every day." -Thornton Wilder

I am grateful for

I am grateful for

I am grateful for

I am grateful for

February 25, 2015

I am grateful for

I am grateful for

I am grateful for

I am grateful for

February 26, 2015

I am grateful for

I am grateful for

I am grateful for

I am grateful for

February 27, 2015

I am grateful for

I am grateful for

I am grateful for

I am grateful for

February 28, 2015

I am grateful for

I am grateful for

I am grateful for

I am grateful for

March 1, 2015

I am grateful for

I am grateful for

I am grateful for

I am grateful for

March 2, 2015

I am grateful for

I am grateful for

I am grateful for

I am grateful for

March 3, 2015

I am grateful for

I am grateful for

I am grateful for

I am grateful for

"Storms make oaks take roots." -Proverbs

March 4, 2015

I am grateful for

I am grateful for

I am grateful for

I am grateful for

March 5, 2015

I am grateful for

I am grateful for

I am grateful for

I am grateful for

March 6, 2015

I am grateful for

I am grateful for

I am grateful for

I am grateful for

March 7, 2015

I am grateful for

I am grateful for

I am grateful for

I am grateful for

March 8, 2015

I am grateful for

I am grateful for

I am grateful for

I am grateful for

March 9, 2015

I am grateful for

I am grateful for

I am grateful for

I am grateful for

"If you do not hope, you will not find what is beyond your hopes."
-St. Clement of Alexandra

March 10, 2015

I am grateful for

I am grateful for

I am grateful for

I am grateful for

March 11, 2015

I am grateful for

I am grateful for

I am grateful for

I am grateful for

March 12, 2015

I am grateful for

I am grateful for

I am grateful for

I am grateful for

March 13, 2015

I am grateful for

I am grateful for

I am grateful for

I am grateful for

March 14, 2015

I am grateful for

I am grateful for

I am grateful for

I am grateful for

March 15, 2015

"The only way of finding the limits of the possible is by going beyond them into the impossible." -Arthur C. Clarke

I am grateful for

I am grateful for

I am grateful for

I am grateful for

March 16, 2015

I am grateful for

I am grateful for

I am grateful for

I am grateful for

March 17, 2015

I am grateful for

I am grateful for

I am grateful for

I am grateful for

March 18, 2015

I am grateful for

I am grateful for

I am grateful for

I am grateful for

March 19, 2015

I am grateful for

I am grateful for

I am grateful for

I am grateful for

March 20, 2015

I am grateful for

I am grateful for

I am grateful for

I am grateful for

March 21, 2015

"Work spares us from three evils: boredom, vice, and need." -Voltaire

I am grateful for

I am grateful for

I am grateful for

I am grateful for

March 22, 2015

I am grateful for

I am grateful for

I am grateful for

I am grateful for

March 23, 2015

I am grateful for

I am grateful for

I am grateful for

I am grateful for

March 24, 2015

I am grateful for

I am grateful for

I am grateful for

I am grateful for

March 25, 2015

I am grateful for

I am grateful for

I am grateful for

I am grateful for

March 26, 2015

"Hope is like the sun, which, as we journey toward it, casts the shadow of our burden behind us." –Samuel Smiles

I am grateful for

I am grateful for

I am grateful for

I am grateful for

March 27, 2015

I am grateful for

I am grateful for

I am grateful for

I am grateful for

March 28, 2015

I am grateful for

I am grateful for

I am grateful for

I am grateful for

March 29, 2015

I am grateful for

I am grateful for

I am grateful for

I am grateful for

March 30, 2015

I am grateful for

I am grateful for

I am grateful for

I am grateful for

March 31, 2015

I am grateful for

I am grateful for

I am grateful for

I am grateful for

April 1, 2015

I am grateful for

I am grateful for

I am grateful for

I am grateful for

April 2, 2015

I am grateful for

I am grateful for

I am grateful for

I am grateful for

April 3, 2015

I am grateful for

I am grateful for

I am grateful for

I am grateful for

"We are what we repeatedly do. Excellence, therefore, is not an act but a habit." -Aristotle

April 4, 2015

I am grateful for

I am grateful for

I am grateful for

I am grateful for

April 5, 2015

I am grateful for

I am grateful for

I am grateful for

I am grateful for

April 6, 2015

I am grateful for

I am grateful for

I am grateful for

I am grateful for

April 7, 2015

I am grateful for

I am grateful for

I am grateful for

I am grateful for

April 8, 2015

I am grateful for

I am grateful for

I am grateful for

I am grateful for

April 9, 2015

I am grateful for

I am grateful for

I am grateful for

I am grateful for

April 10, 2015

I am grateful for

I am grateful for

I am grateful for

I am grateful for

"Nothing will ever be attempted if all possible objections must first be overcome." -Samuel Johnson

April 11, 2015

I am grateful for

I am grateful for

I am grateful for

I am grateful for

April 12, 2015

I am grateful for

I am grateful for

I am grateful for

I am grateful for

April 13, 2015

I am grateful for

I am grateful for

I am grateful for

I am grateful for

April 14, 2015

I am grateful for

I am grateful for

I am grateful for

I am grateful for

April 15, 2015

I am grateful for

I am grateful for

I am grateful for

I am grateful for

April 16, 2015

I am grateful for

I am grateful for

I am grateful for

I am grateful for

April 17, 2015

I am grateful for

I am grateful for

I am grateful for

I am grateful for

April 18, 2015

I am grateful for

I am grateful for

I am grateful for

I am grateful for

"When the best things are not possible, the best may be made of those that are." –Richard Hooker

April 19, 2015

I am grateful for

I am grateful for

I am grateful for

I am grateful for

April 20, 2015

I am grateful for

I am grateful for

I am grateful for

I am grateful for

April 21, 2015

I am grateful for

I am grateful for

I am grateful for

I am grateful for

April 22, 2015

I am grateful for

I am grateful for

I am grateful for

I am grateful for

April 23, 2015

I am grateful for

I am grateful for

I am grateful for

I am grateful for

April 24, 2015

I am grateful for

I am grateful for

I am grateful for

I am grateful for

April 25, 2015

I am grateful for

I am grateful for

I am grateful for

I am grateful for

April 26, 2015

I am grateful for

I am grateful for

I am grateful for

I am grateful for

April 27, 2015

I am grateful for

I am grateful for

I am grateful for

I am grateful for

April 28, 2015

"Great spirits have always encountered violent opposition from mediocre minds." -Albert Einstein

I am grateful for

I am grateful for

I am grateful for

I am grateful for

April 29, 2015

I am grateful for

I am grateful for

I am grateful for

I am grateful for

April 30, 2015

I am grateful for

I am grateful for

I am grateful for

I am grateful for

May 1, 2015

I am grateful for

I am grateful for

I am grateful for

I am grateful for

May 2, 2015

I am grateful for

I am grateful for

I am grateful for

I am grateful for

May 3, 2015

I am grateful for

I am grateful for

I am grateful for

I am grateful for

May 4, 2015

I am grateful for

I am grateful for

I am grateful for

I am grateful for

May 5, 2015

I am grateful for

I am grateful for

I am grateful for

I am grateful for

"Believe with all of your heart that you will do what you were made to do."
–Orison Swett Marden

May 6, 2015

I am grateful for

I am grateful for

I am grateful for

I am grateful for

May 7, 2015

I am grateful for

I am grateful for

I am grateful for

I am grateful for

May 8, 2015

I am grateful for

I am grateful for

I am grateful for

I am grateful for

May 9, 2015

I am grateful for

I am grateful for

I am grateful for

I am grateful for

May 10, 2015

I am grateful for

I am grateful for

I am grateful for

I am grateful for

"We are still masters of our fate. We are still captains of our souls."
-Winston Churchill

May 11, 2015

I am grateful for

I am grateful for

I am grateful for

I am grateful for

May 12, 2015

I am grateful for

I am grateful for

I am grateful for

I am grateful for

May 13, 2015

I am grateful for

I am grateful for

I am grateful for

I am grateful for

May 14, 2015

I am grateful for

I am grateful for

I am grateful for

I am grateful for

May 15, 2015

I am grateful for

I am grateful for

I am grateful for

I am grateful for

May 16, 2015

I am grateful for

I am grateful for

I am grateful for

I am grateful for

May 17, 2015

I am grateful for

I am grateful for

I am grateful for

I am grateful for

May 18, 2015

"Nothing great was ever achieved without enthusiasm."
-Ralph Waldo Emerson

I am grateful for

I am grateful for

I am grateful for

I am grateful for

May 19, 2015

I am grateful for

I am grateful for

I am grateful for

I am grateful for

May 20, 2015

I am grateful for

I am grateful for

I am grateful for

I am grateful for

May 21, 2015

I am grateful for

I am grateful for

I am grateful for

I am grateful for

May 22, 2015

I am grateful for

I am grateful for

I am grateful for

I am grateful for

May 23, 2015

I am grateful for

I am grateful for

I am grateful for

I am grateful for

May 24, 2015

I am grateful for

I am grateful for

I am grateful for

I am grateful for

May 25, 2015

I am grateful for

I am grateful for

I am grateful for

I am grateful for

May 26, 2015

I am grateful for

I am grateful for

I am grateful for

I am grateful for

May 27, 2015

I am grateful for

I am grateful for

I am grateful for

I am grateful for

May 28, 2015

I am grateful for

I am grateful for

I am grateful for

I am grateful for

"Nothing contributes so much to tranquilize the mind as a steady purpose–a point on which the soul may fix its intellectual eye." -Mary Shelley

May 29, 2015

I am grateful for

I am grateful for

I am grateful for

I am grateful for

May 30, 2015

I am grateful for

I am grateful for

I am grateful for

I am grateful for

May 31, 2015

I am grateful for

I am grateful for

I am grateful for

I am grateful for

June 1, 2015

I am grateful for

I am grateful for

I am grateful for

I am grateful for

June 2, 2015

I am grateful for

I am grateful for

I am grateful for

I am grateful for

June 3, 2015

I am grateful for

I am grateful for

I am grateful for

I am grateful for

June 4, 2015

I am grateful for

I am grateful for

I am grateful for

I am grateful for

June 5, 2015

I am grateful for

I am grateful for

I am grateful for

I am grateful for

June 6, 2015

I am grateful for

I am grateful for

I am grateful for

I am grateful for

June 7, 2015

I am grateful for

I am grateful for

I am grateful for

I am grateful for

June 8, 2015

I am grateful for

I am grateful for

I am grateful for

I am grateful for

June 9, 2015

"To find what you seek in the road of life, the best proverb of all is that which says: "Leave no stone unturned." -Edward Bulwer Lytton

I am grateful for

I am grateful for

I am grateful for

I am grateful for

June 10, 2015

I am grateful for

I am grateful for

I am grateful for

I am grateful for

June 11, 2015

I am grateful for

I am grateful for

I am grateful for

I am grateful for

June 12, 2015

I am grateful for

I am grateful for

I am grateful for

I am grateful for

June 13, 2015

I am grateful for

I am grateful for

I am grateful for

I am grateful for

June 14, 2015

I am grateful for

I am grateful for

I am grateful for

I am grateful for

June 15, 2015

I am grateful for

I am grateful for

I am grateful for

I am grateful for

June 16, 2015

I am grateful for

I am grateful for

I am grateful for

I am grateful for

June 17, 2015

I am grateful for

I am grateful for

I am grateful for

I am grateful for

June 18, 2015

I am grateful for

I am grateful for

I am grateful for

I am grateful for

June 19, 2015

I am grateful for

I am grateful for

I am grateful for

I am grateful for

June 20, 2015

I am grateful for

I am grateful for

I am grateful for

I am grateful for

"Inspiration and genius--one and the same." -Victor Hugo

June 21, 2015

I am grateful for

I am grateful for

I am grateful for

I am grateful for

June 22, 2015

I am grateful for

I am grateful for

I am grateful for

I am grateful for

June 23, 2015

I am grateful for

I am grateful for

I am grateful for

I am grateful for

June 24, 2015

I am grateful for

I am grateful for

I am grateful for

I am grateful for

June 25, 2015

I am grateful for

I am grateful for

I am grateful for

I am grateful for

June 26, 2015

I am grateful for

I am grateful for

I am grateful for

I am grateful for

June 27, 2015

I am grateful for

I am grateful for

I am grateful for

I am grateful for

"Along with success comes a reputation for wisdom." ~Euripides

June 28, 2015

I am grateful for

I am grateful for

I am grateful for

I am grateful for

June 29, 2015

I am grateful for

I am grateful for

I am grateful for

I am grateful for

June 30, 2015

I am grateful for

I am grateful for

I am grateful for

I am grateful for

July 1, 2015

I am grateful for

I am grateful for

I am grateful for

I am grateful for

July 2, 2015

I am grateful for

I am grateful for

I am grateful for

I am grateful for

July 3, 2015

I am grateful for

I am grateful for

I am grateful for

I am grateful for

July 4, 2015

I am grateful for

I am grateful for

I am grateful for

I am grateful for

July 5, 2015

I am grateful for

I am grateful for

I am grateful for

I am grateful for

July 6, 2015

I am grateful for

I am grateful for

I am grateful for

I am grateful for

July 7, 2015

I am grateful for

I am grateful for

I am grateful for

I am grateful for

July 8, 2015

I am grateful for

I am grateful for

I am grateful for

I am grateful for

"Life is like a game of cards. The hand that is dealt you represents determinism; the way you play it is free will."
-Jawaharal Nehru

July 9, 2015

I am grateful for

I am grateful for

I am grateful for

I am grateful for

July 10, 2015

I am grateful for

I am grateful for

I am grateful for

I am grateful for

July 11, 2015

I am grateful for

I am grateful for

I am grateful for

I am grateful for

July 12, 2015

I am grateful for

I am grateful for

I am grateful for

I am grateful for

July 13, 2015

I am grateful for

I am grateful for

I am grateful for

I am grateful for

July 14, 2015

I am grateful for

I am grateful for

I am grateful for

I am grateful for

July 15, 2015

I am grateful for

I am grateful for

I am grateful for

I am grateful for

July 16, 2015

I am grateful for

I am grateful for

I am grateful for

I am grateful for

July 17, 2015

I am grateful for

I am grateful for

I am grateful for

I am grateful for

July 18, 2015

I am grateful for

I am grateful for

I am grateful for

I am grateful for

July 19, 2015

I am grateful for

I am grateful for

I am grateful for

I am grateful for

July 20, 2015

I am grateful for

I am grateful for

I am grateful for

I am grateful for

July 21, 2015

I am grateful for

I am grateful for

I am grateful for

I am grateful for

July 22, 2015

I am grateful for

I am grateful for

I am grateful for

I am grateful for

July 23, 2015

I am grateful for

I am grateful for

I am grateful for

I am grateful for

July 24, 2015

"Dost thou love life? Then do not squander time, for that is the stuff life is made of." -Benjamin Franklin

I am grateful for

I am grateful for

I am grateful for

I am grateful for

July 25, 2015

I am grateful for

I am grateful for

I am grateful for

I am grateful for

July 26, 2015

I am grateful for

I am grateful for

I am grateful for

I am grateful for

July 27, 2015

I am grateful for

I am grateful for

I am grateful for

I am grateful for

July 28, 2015

I am grateful for

I am grateful for

I am grateful for

I am grateful for

July 29, 2015

I am grateful for

I am grateful for

I am grateful for

I am grateful for

July 30, 2015

I am grateful for

I am grateful for

I am grateful for

I am grateful for

July 31, 2015

I am grateful for

I am grateful for

I am grateful for

I am grateful for

August 1, 2015

I am grateful for

I am grateful for

I am grateful for

I am grateful for

August 2, 2015

I am grateful for

I am grateful for

I am grateful for

I am grateful for

August 3, 2015

I am grateful for

I am grateful for

I am grateful for

I am grateful for

August 4, 2015

I am grateful for

I am grateful for

I am grateful for

I am grateful for

August 5, 2015

I am grateful for

I am grateful for

I am grateful for

I am grateful for

August 6, 2015

I am grateful for

I am grateful for

I am grateful for

I am grateful for

August 7, 2015

I am grateful for

I am grateful for

I am grateful for

I am grateful for

August 8, 2015

I am grateful for

I am grateful for

I am grateful for

I am grateful for

August 9, 2015

I am grateful for

I am grateful for

I am grateful for

I am grateful for

August 10, 2015

I am grateful for

I am grateful for

I am grateful for

I am grateful for

August 11, 2015

I am grateful for

I am grateful for

I am grateful for

I am grateful for

"The imagination exercises a powerful influence over every act of sense, thought, reason, – over every idea." -Latin Proverb

August 12, 2015

I am grateful for

I am grateful for

I am grateful for

I am grateful for

August 13, 2015

I am grateful for

I am grateful for

I am grateful for

I am grateful for

August 14, 2015

I am grateful for

I am grateful for

I am grateful for

I am grateful for

August 15, 2015

I am grateful for

I am grateful for

I am grateful for

I am grateful for

August 16, 2015

I am grateful for

I am grateful for

I am grateful for

I am grateful for

August 17, 2015

I am grateful for

I am grateful for

I am grateful for

I am grateful for

August 18, 2015

I am grateful for

I am grateful for

I am grateful for

I am grateful for

August 19, 2015

I am grateful for

I am grateful for

I am grateful for

I am grateful for

August 20, 2015

I am grateful for

I am grateful for

I am grateful for

I am grateful for

August 21, 2015

I am grateful for

I am grateful for

I am grateful for

I am grateful for

August 22, 2015

I am grateful for

I am grateful for

I am grateful for

I am grateful for

"Solitude is as needful to the imagination as society is wholesome for the character." -James Russel Lowell

August 23, 2015

I am grateful for

I am grateful for

I am grateful for

I am grateful for

August 24, 2015

I am grateful for

I am grateful for

I am grateful for

I am grateful for

August 25, 2015

I am grateful for

I am grateful for

I am grateful for

I am grateful for

August 26, 2015

I am grateful for

I am grateful for

I am grateful for

I am grateful for

August 27, 2015

I am grateful for

I am grateful for

I am grateful for

I am grateful for

August 28, 2015

I am grateful for

I am grateful for

I am grateful for

I am grateful for

August 29, 2015

I am grateful for

I am grateful for

I am grateful for

I am grateful for

August 30, 2015

I am grateful for

I am grateful for

I am grateful for

I am grateful for

August 31, 2015

I am grateful for

I am grateful for

I am grateful for

I am grateful for

September 1, 2015

I am grateful for

I am grateful for

I am grateful for

I am grateful for

September 2, 2015

I am grateful for

I am grateful for

I am grateful for

I am grateful for

"He who has imagination without learning, has wings and no feet."
-Joseph Joubert

September 3, 2015

I am grateful for

I am grateful for

I am grateful for

I am grateful for

September 4, 2015

I am grateful for

I am grateful for

I am grateful for

I am grateful for

September 5, 2015

I am grateful for

I am grateful for

I am grateful for

I am grateful for

September 6, 2015

I am grateful for

I am grateful for

I am grateful for

I am grateful for

September 7, 2015

I am grateful for

I am grateful for

I am grateful for

I am grateful for

September 8, 2015

I am grateful for

I am grateful for

I am grateful for

I am grateful for

September 9, 2015

I am grateful for

I am grateful for

I am grateful for

I am grateful for

September 10, 2015

I am grateful for

I am grateful for

I am grateful for

I am grateful for

September 11, 2015

I am grateful for

I am grateful for

I am grateful for

I am grateful for

September 12, 2015

I am grateful for

I am grateful for

I am grateful for

I am grateful for

September 13, 2015

I am grateful for

I am grateful for

I am grateful for

I am grateful for

September 14, 2015

I am grateful for

I am grateful for

I am grateful for

I am grateful for

September 15, 2015

I am grateful for

I am grateful for

I am grateful for

I am grateful for

September 16, 2015

I am grateful for

I am grateful for

I am grateful for

I am grateful for

September 17, 2015

I am grateful for

I am grateful for

I am grateful for

I am grateful for

September 18, 2015

I am grateful for

I am grateful for

I am grateful for

I am grateful for

September 19, 2015

"Be the change you wish to see in the world." -Gandhi

I am grateful for

I am grateful for

I am grateful for

I am grateful for

September 20, 2015

I am grateful for

I am grateful for

I am grateful for

I am grateful for

September 21, 2015

I am grateful for

I am grateful for

I am grateful for

I am grateful for

September 22, 2015

I am grateful for

I am grateful for

I am grateful for

I am grateful for

September 23, 2015

I am grateful for

I am grateful for

I am grateful for

I am grateful for

September 24, 2015

I am grateful for

I am grateful for

I am grateful for

I am grateful for

September 25, 2015

I am grateful for

I am grateful for

I am grateful for

I am grateful for

September 26, 2015

I am grateful for

I am grateful for

I am grateful for

I am grateful for

September 27, 2015

I am grateful for

I am grateful for

I am grateful for

I am grateful for

September 28, 2015

I am grateful for

I am grateful for

I am grateful for

I am grateful for

September 29, 2015

I am grateful for

I am grateful for

I am grateful for

I am grateful for

September 30, 2015

I am grateful for

I am grateful for

I am grateful for

I am grateful for

October 1, 2015

I am grateful for

I am grateful for

I am grateful for

I am grateful for

October 2, 2015

"A strong imagination begetteth opportunity." - Michel de Montaigne

I am grateful for

I am grateful for

I am grateful for

I am grateful for

October 3, 2015

I am grateful for

I am grateful for

I am grateful for

I am grateful for

October 4, 2015

I am grateful for

I am grateful for

I am grateful for

I am grateful for

October 5, 2015

I am grateful for

I am grateful for

I am grateful for

I am grateful for

October 6, 2015

I am grateful for

I am grateful for

I am grateful for

I am grateful for

October 7, 2015

I am grateful for

I am grateful for

I am grateful for

I am grateful for

October 8, 2015

I am grateful for

I am grateful for

I am grateful for

I am grateful for

October 9, 2015

I am grateful for

I am grateful for

I am grateful for

I am grateful for

October 10, 2015

I am grateful for

I am grateful for

I am grateful for

I am grateful for

October 11, 2015

I am grateful for

I am grateful for

I am grateful for

I am grateful for

October 12, 2015

I am grateful for

I am grateful for

I am grateful for

I am grateful for

October 13, 2015

I am grateful for

I am grateful for

I am grateful for

I am grateful for

October 14, 2015

I am grateful for

I am grateful for

I am grateful for

I am grateful for

October 15, 2015

I am grateful for

I am grateful for

I am grateful for

I am grateful for

"A good name will shine forever." -Proverb

October 16, 2015

I am grateful for

I am grateful for

I am grateful for

I am grateful for

October 17, 2015

I am grateful for

I am grateful for

I am grateful for

I am grateful for

October 18, 2015

I am grateful for

I am grateful for

I am grateful for

I am grateful for

October 19, 2015

I am grateful for

I am grateful for

I am grateful for

I am grateful for

October 20, 2015

I am grateful for

I am grateful for

I am grateful for

I am grateful for

October 21, 2015

I am grateful for

I am grateful for

I am grateful for

I am grateful for

October 22, 2015

I am grateful for

I am grateful for

I am grateful for

I am grateful for

October 23, 2015

I am grateful for

I am grateful for

I am grateful for

I am grateful for

October 24, 2015

I am grateful for

I am grateful for

I am grateful for

I am grateful for

October 25, 2015

I am grateful for

I am grateful for

I am grateful for

I am grateful for

October 26, 2015

I am grateful for

I am grateful for

I am grateful for

I am grateful for

October 27, 2015

I am grateful for

I am grateful for

I am grateful for

I am grateful for

October 28, 2015

I am grateful for

I am grateful for

I am grateful for

I am grateful for

October 29, 2015

I am grateful for

I am grateful for

I am grateful for

I am grateful for

October 30, 2015

I am grateful for

I am grateful for

I am grateful for

I am grateful for

October 31, 2015

I am grateful for

I am grateful for

I am grateful for

I am grateful for

November 1, 2015

I am grateful for

I am grateful for

I am grateful for

I am grateful for

November 2, 2015

I am grateful for

I am grateful for

I am grateful for

I am grateful for

November 3, 2015

I am grateful for

I am grateful for

I am grateful for

I am grateful for

November 4, 2015

I am grateful for

I am grateful for

I am grateful for

I am grateful for

November 5, 2015

I am grateful for

I am grateful for

I am grateful for

I am grateful for

November 6, 2015

"A fair reputation is a plant, delicate in its nature, and by no means rapid in its growth. It will not shoot up in a night like the gourd of the prophet; but, like that gourd, it may perish in a night." -Jeremy Taylor

I am grateful for

I am grateful for

I am grateful for

I am grateful for

November 7, 2015

I am grateful for

I am grateful for

I am grateful for

I am grateful for

November 8, 2015

I am grateful for

I am grateful for

I am grateful for

I am grateful for

November 9, 2015

I am grateful for

I am grateful for

I am grateful for

I am grateful for

November 10, 2015

I am grateful for

I am grateful for

I am grateful for

I am grateful for

November 11, 2015

I am grateful for

I am grateful for

I am grateful for

I am grateful for

November 12, 2015

I am grateful for

I am grateful for

I am grateful for

I am grateful for

November 13, 2015

I am grateful for

I am grateful for

I am grateful for

I am grateful for

November 14, 2015

I am grateful for

I am grateful for

I am grateful for

I am grateful for

November 15, 2015

I am grateful for

I am grateful for

I am grateful for

I am grateful for

November 16, 2015

I am grateful for

I am grateful for

I am grateful for

I am grateful for

November 17, 2015

I am grateful for

I am grateful for

I am grateful for

I am grateful for

November 18, 2015

I am grateful for

I am grateful for

I am grateful for

I am grateful for

November 19, 2015

I am grateful for

I am grateful for

I am grateful for

I am grateful for

"Sow an act, and you reap a habit; sow a habit, and you reap a character; sow a character, and you reap a destiny." -George Dana Boardman

November 20, 2015

I am grateful for

I am grateful for

I am grateful for

I am grateful for

November 21, 2015

I am grateful for

I am grateful for

I am grateful for

I am grateful for

November 22, 2015

I am grateful for

I am grateful for

I am grateful for

I am grateful for

November 23, 2015

I am grateful for

I am grateful for

I am grateful for

I am grateful for

November 24, 2015

I am grateful for

I am grateful for

I am grateful for

I am grateful for

November 25, 2015

I am grateful for

I am grateful for

I am grateful for

I am grateful for

November 26, 2015

I am grateful for

I am grateful for

I am grateful for

I am grateful for

November 27, 2015

I am grateful for

I am grateful for

I am grateful for

I am grateful for

November 28, 2015

I am grateful for

I am grateful for

I am grateful for

I am grateful for

November 29, 2015

I am grateful for

I am grateful for

I am grateful for

I am grateful for

November 30, 2015

I am grateful for

I am grateful for

I am grateful for

I am grateful for

December 1, 2015

I am grateful for

I am grateful for

I am grateful for

I am grateful for

December 2, 2015

I am grateful for

I am grateful for

I am grateful for

I am grateful for

December 3, 2015

I am grateful for

I am grateful for

I am grateful for

I am grateful for

December 4, 2015

I am grateful for

I am grateful for

I am grateful for

I am grateful for

December 5, 2015

I am grateful for

I am grateful for

I am grateful for

I am grateful for

December 6, 2015

I am grateful for

I am grateful for

I am grateful for

I am grateful for

December 7, 2015

I am grateful for

I am grateful for

I am grateful for

I am grateful for

December 8, 2015

I am grateful for

I am grateful for

I am grateful for

I am grateful for

"It requires less character to discover the faults of others, than to tolerate them." -J. Petit Senn

December 9, 2015

I am grateful for

I am grateful for

I am grateful for

I am grateful for

December 10, 2015

I am grateful for

I am grateful for

I am grateful for

I am grateful for

December 11, 2015

I am grateful for

I am grateful for

I am grateful for

I am grateful for

December 12, 2015

I am grateful for

I am grateful for

I am grateful for

I am grateful for

December 13, 2015

I am grateful for

I am grateful for

I am grateful for

I am grateful for

December 14, 2015

I am grateful for

I am grateful for

I am grateful for

I am grateful for

December 15, 2015

I am grateful for

I am grateful for

I am grateful for

I am grateful for

December 16, 2015

I am grateful for

I am grateful for

I am grateful for

I am grateful for

December 17, 2015

I am grateful for

I am grateful for

I am grateful for

I am grateful for

December 18, 2015

I am grateful for

I am grateful for

I am grateful for

I am grateful for

December 19, 2015

I am grateful for

I am grateful for

I am grateful for

I am grateful for

December 20, 2015

I am grateful for

I am grateful for

I am grateful for

I am grateful for

December 21, 2015

I am grateful for

I am grateful for

I am grateful for

I am grateful for

December 22, 2015

I am grateful for

I am grateful for

I am grateful for

I am grateful for

December 23, 2015

I am grateful for

I am grateful for

I am grateful for

I am grateful for

December 24, 2015

I am grateful for

I am grateful for

I am grateful for

I am grateful for

"The essential thing is not knowledge, but character." -Joseph Le Conte

December 25, 2015

I am grateful for

I am grateful for

I am grateful for

I am grateful for

December 26, 2015

I am grateful for

I am grateful for

I am grateful for

I am grateful for

December 27, 2015

I am grateful for

I am grateful for

I am grateful for

I am grateful for

December 28, 2015

I am grateful for

I am grateful for

I am grateful for

I am grateful for

December 29, 2015

I am grateful for

I am grateful for

I am grateful for

I am grateful for

December 30, 2015

I am grateful for

I am grateful for

I am grateful for

I am grateful for

December 31, 2015

I am grateful for

I am grateful for

I am grateful for

I am grateful for

"Your thoughts and beliefs of the past have created this moment, and all the moments up to this moment. What you are now choosing to believe and think and say will create the next moment and the next day and the next month and the next year." -Louise Hay

BEST MOMENTS OF 2015

GOALS FOR 2016

NOTES

NOTES

OTHER BOOKS BY VIVIAN TENORIO:

Pink Slip to Product Launch in a Weak Economy

Pregnancy Journal: heartwarming memories

High School Journal: 4-year journal of my high school years

Wisdom Journal: wisdom worth passing on

Dating Journal: remember why you fell in love

2012 - 2016 Gratitude Journal: magical moments should be remembered forever

2012 - 2016 Dream Journal: remember your dreams forever

IN SPANISH

Diario de Embarazo: tiernos recuerdos

2012 – 2016 Diario de Gratitud: los momentos mágicos deben ser recordados

2012 – 2016 Diario de Sueños: recuerde sus suenos para siempre

ABOUT THE AUTHOR

Vivian's belief in thinking that anything was possible if she just put her mind to it helped her deal with and hustle through the challenges she faced as a teenage mother, young wife and high school dropout.

This no-limits attitude led her to open a restaurant, start Signature Flan, start a publishing company "JAV Publishing", and become the author of her 1st book and now creator of a series of journals.

Website
www.viviantenorio.com

CPSIA information can be obtained at www.ICGtesting.com
Printed in the USA
LVOW08s1610061114

412370LV00021B/1267/P